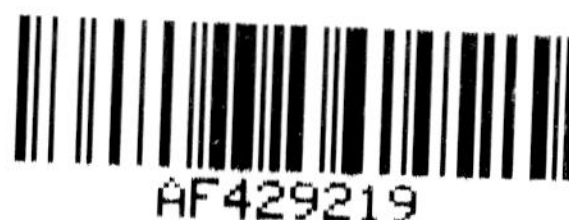

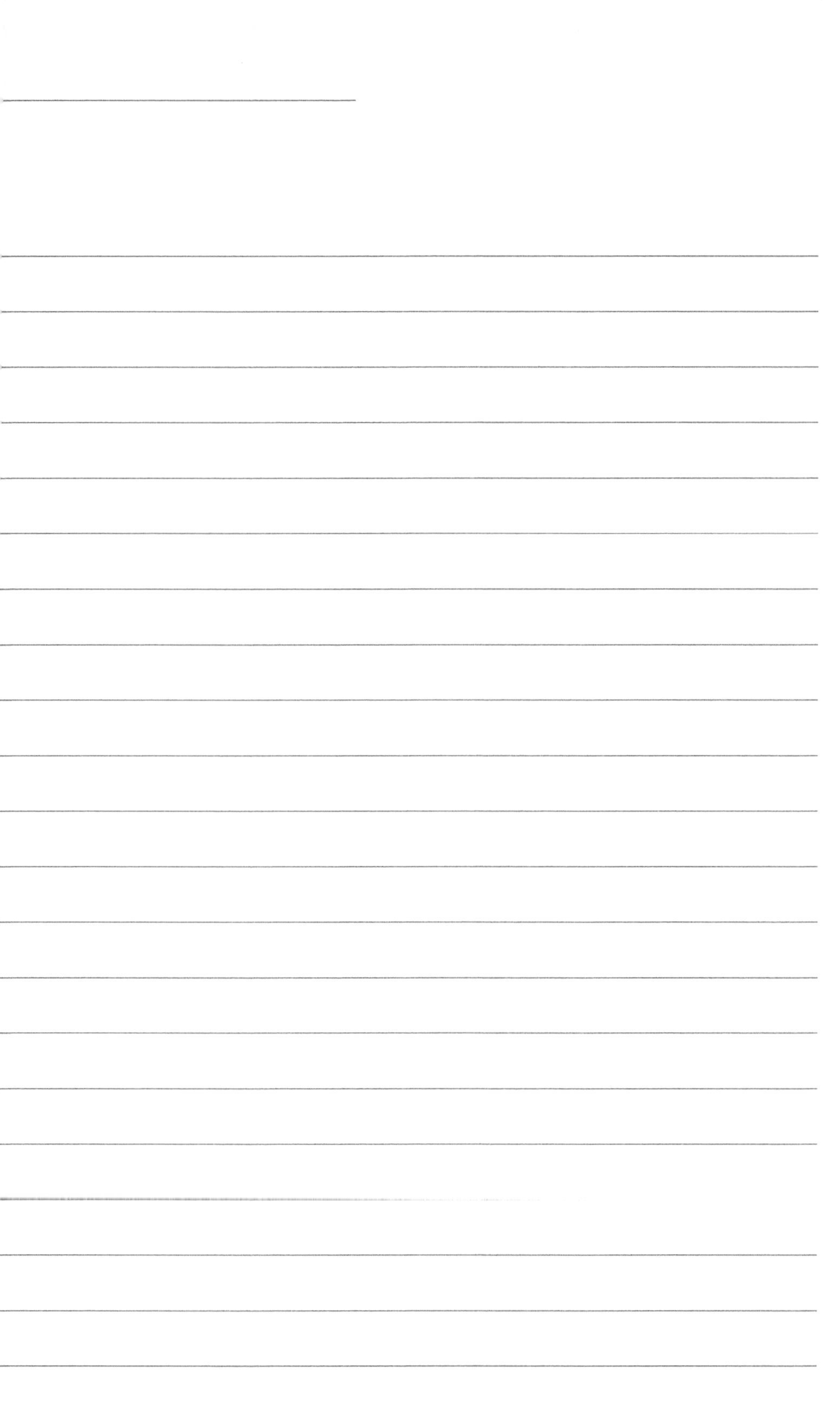

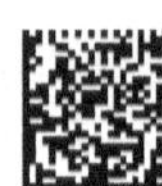

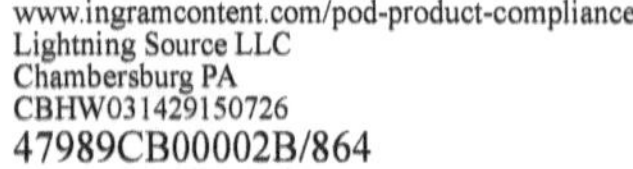
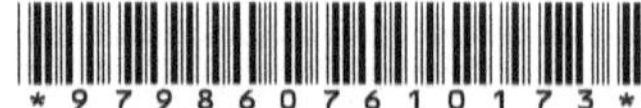